LIDERAZGO
IRREVOCABLE

JA PÉREZ

Liderazgo Irrevocable

Keen Sight Books

Puede encontrarnos en la red en: www.KeenSightBooks.com
Reportar errores de imprenta a errata@keensightbooks.com

ISBN: 978-1-947193-01-7

Printed in the U.S.A.

*este manual es dedicado a todos los
líderes que laboran con nosotros
en nuestra querida América*

Contenido

Esta literatura

Esta serie intenta comunicar al alumnado, doce columnas básicas elementales, necesarias para establecer los fundamentos sólidos sobre los cuales reposa el liderazgo sano.

No son éstos los únicos principios o conceptos que regulan la formación de un líder, sin embargo, estas doce áreas cubiertas en el libro, establecerán una buena base sobre la cual edificar.

Misión de la *Escuela de Liderazgo Internacional*

Levantar, equipar y enviar líderes de estatura, probados y consagrados, con visión global —listos para sentarse a la mesa con aquellos que moldean culturas, influyen decisiones y diseñan las ideas que dirigen el curso de vida en sus respectivos países.

¿Cómo lo hacemos?

A éstos procuramos proporcionar principios culturalmente sensitivos en un contexto internacional y ésto en sesiones exclusivas —todo en un marco de tiempo que líderes realmente ocupados pueden manejar.

Impacto a largo plazo

Líderes se han de formar con una mentalidad de impacto a largo plazo. Asegurando que la experiencia adquirida por los mismos se transmita de manera exponencial, a medida que se comprometen a influir a otros líderes y comunidades.

1

LIDERAZGO IRREVOCABLE
Sanando heridas y retomando la visión de liderazgo

Antes de comenzar a hablar de principios y conceptos que ayudarán a crecer y madurar nuestro liderazgo, quisiera tomar espacio para hablar del tema posiblemente más importante en la vida de un líder.

Se trata del corazón.

De nada sirve que dominemos con habilidad todos los principios que nos ayudan a ser líderes efectivos, si nuestro corazón (espíritu) está herido, o no se encuentra en el lugar correcto en cuanto a nuestra relación con Dios.

Nuestra relación con Dios es más importante que todo lo que podamos lograr en el liderazgo. Aun más. Ocuparnos de nuestra salud espiritual viene antes que el servicio que podamos dar a otros.

Sobre toda cosa guardada, guarda tu corazón; Porque de él mana la vida.
Proverbios 4:23

Además de ésto, un líder herido no puede ser muy efectivo. Un líder herido, herirá a otros, hará decisiones impulsivamente, y eventualmente comenzará a exhibir su desgaste lo cual también afectará a otros, comenzando por sus seres queridos.

Entonces, es necesario estar seguro que nuestro corazón esté sano y libre. Libre de amarguras, de resentimientos, de cargas emocionales, de heridas, y daños acumulados a causa de nuestras fallas.

En los próximos párrafos, quiero compartir con usted, lo que Dios puede hacer con un grupo de personas heridas, pero antes de entrar ahí, quiero establecer una verdad sencilla pero poderosa.

Independientemente de tus fallos —y todos fallamos (Rom 3:10-12)— Dios todavía te quiere usar.

2

LOS DONES SON PARA SIEMPRE

Porque irrevocables son los dones y el llamamiento de Dios. Romanos 11:29

El llamado y los dones que Él te dió, todavía están vigentes. Tu don para dirigir, guiar y servir, no se ha ido, independientemente de tu desobediencia.

Claro, que la desobediencia lastima la operación de esos dones, (mayormente por cuestiones de conciencia), sin embargo, esos dones están ahí, y una vez que podamos sanar y corregir lo dañado, Dios restaurará la completa operación y fluir de esos dones.

El problema no son los dones (pues éstos y el llamado son irrevocables). El problema es el carácter, y éste será edificado una vez que ese corazón sane.

La versión King James dice que los dones y el llamado de Dios son "without repentance", donde nuestra biblia dice "irrevocables", lo que quiere decir que Dios no se arrepiente de

11

haberlos otorgados.

Tus dones están ahí. Entonces, ahora que ya estamos seguros de esto, pasemos al próximo paso, preparémonos para comenzar a sanar.

Te invito a que entremos juntos en la cueva de Adulam.

David está cansado de huir. El rey Saúl (quien debió haber sido como un padre para él) por celos le ha perseguido para matarlo y David ha huido, ha vivido escondido, y pareciera que aquella carrera brillante, y todas las promesas que les habían sido dadas se han esfumado. El famoso y poderoso guerrero que en un tiempo hirió a decenas de miles, ahora parece estar solo.

Así ha llegado a esta cueva... la cueva de Adulam.

3

LA CUEVA DE ADULAM

En la cueva de Adulam comenzó una nueva historia. Ahí, Dios le envió a una buena cantidad de seguidores, solo que éstos venían con muchos problemas.

Veamos la historia.

> Yéndose luego David de allí, huyó a la cueva de Adulam; y cuando sus hermanos y toda la casa de su padre lo supieron, vinieron allí a él. Y se juntaron con él todos los afligidos, y todo el que estaba endeudado, y todos los que se hallaban en amargura de espíritu, y fue hecho jefe de ellos; y tuvo consigo como cuatrocientos hombres. 1 Samuel 22:1-2

A David, no le llegaron líderes seguros, listos y formados, nó; llegaron hombres afligidos y en amargura de espíritu, esto suena como gente deprimida y con bastantes desajustes psicológicos. Tampoco le llegaron inversionistas, personas con visión y capital listos para invertir en la visión, nó; llegaron hombres con deudas financieras.

Dice la Biblia que fue hecho jefe de ellos; y tuvo consigo como cuatrocientos hombres.

Pero ¿quién quiere ser jefe de un ejército de gente traumatizada? La respuesta es David, un hombre conforme al corazón de Dios.

David no se conformó con el estado presente de su ejército. Él era un hombre de visión, él podía ver el tesoro que estaba dentro de esos vasos de barro.

El resultado fue que pasado un tiempo este llegó a ser un ejército poderoso.

Ésto tomó tiempo y fue un proceso, pero el Señor apoyó a David todo el tiempo de formación de estos hombres.

4

Un ejército poderoso

*Y David iba adelantando y engran-
deciéndose, y Jehová Dios de los
ejércitos estaba con él. 2 Samuel 5:10*

Usted puede leer en detalles las hazañas y los logros del
ejército de David, sobre todo sus treinta valientes en 2 Samuel
23:8-39 o 1 Cr 11:10-47.

Uno de ellos llamado Eleazar, dice la Biblia que en una
batalla *"se levantó e hirió a los filisteos hasta que su mano se
cansó y quedó pegada su mano a la espada"*.

Sin embargo, hubieron tres de ellos que eran más valientes
que todos los otros, y es interesante saber que estos tres,
fueron de los que vinieron a David en la cueva de Adulam.

Veamos el texto comenzando en 2 Samuel 23:13, y dice:

*Y tres de los treinta jefes descendieron
y vinieron en tiempo de la siega a David*

15

en la cueva de Adulam... Y David dijo con vehemencia: ¡Quién me diera a beber del agua del pozo de Belén que está junto a la puerta!

Entonces los tres valientes irrumpieron por el campamento de los filisteos, y sacaron agua del pozo de Belén que estaba junto a la puerta; y tomaron, y la trajeron a David; mas él no la quiso beber, sino que la derramó para Jehová, diciendo: Lejos sea de mí, oh Jehová, que yo haga esto. ¿He de beber yo la sangre de los varones que fueron con peligro de su vida? Y no quiso beberla. Los tres valientes hicieron esto.
2 Samuel 23:13,15-17

Luego, miré que uno de estos tres llegó a ser Abisaí, hermano del gran general de David, llamado Joab. Vea lo que dice la palabra sobre él:

Y Abisaí hermano de Joab, hijo de Sarvia, fue el principal de los treinta. Este alzó su lanza contra trescientos, a quienes mató, y ganó renombre con los tres.
2 Samuel 23:18

Otro de esos tres valientes que estaba entre los afligidos y endeudados que llegaron a David en la cueva de Adulam se llamaba Benaía, y miré algunas de sus hazañas:

Después, Benaía hijo de Joiada, hijo de un varón esforzado, grande en proezas, de Cabseel. Este mató a dos leones de Moab; y él mismo descendió y mató a un león en medio de un foso cuando estaba nevando.

También mató él a un egipcio, hombre de gran estatura; y tenía el egipcio una lanza en su mano, pero descendió contra él con un palo, y arrebató al egipcio la lanza de la mano, y lo mató con su propia lanza.

Esto hizo Benaía hijo de Joiada, y ganó renombre con los tres valientes.
2 Samuel 23:20-22

Usted puede ver claramente lo que Dios hace con personas que un día estuvieron quebrantadas y fueron desarrolladas bajo el liderazgo de David.

Lo mismo puede hacer Dios hoy. Él puede levantar a gente que tiene todo tipo de aflicción y heridas emocionales, baja estima, etc...

Hoy no peleamos contra filisteos o gigantes físicos (sí contra gigantes espirituales). Un gigante puede ser cualquier cosa en tu vida que se vea imposible de derribar naturalmente.

No peleamos con palos, lanzas, o armas de metal, pero sí se necesitan líderes que tengan la valentía de ir y predicar las buenas nuevas en entornos complejos, y a veces hostiles.

5

LÍDERES SE FORMAN

Necesitamos líderes que se dejen edificar en carácter, líderes dispuestos a crecer en estatura espiritual y en influencia, sin embargo, estos no van a venir ya formados.

Un gran problema que tienen muchos de los que pastorean el rebaño es que están esperando que le lleguen gente ya formada.

He oído a pastores orar para que Dios les mande un millonario que venga y pague por su *"visión"*. Eso pudiera pasar, aunque yo nunca lo he visto.

Lo que sí he visto es que todas las personas que vienen a Cristo, vienen con problemas, aflicciones, algunos traen adicciones, otros problemas matrimoniales, otros raíces profundas de amargura, etc... y sí, he visto como Dios ha restaurado las vidas de éstos.

También he visto a muchos, que un día estuvieron muy involucrados en el ministerio y el servicio a Dios, y fueron lastimados, de la misma manera que un soldado es herido en batalla, y Dios nos da la oportunidad de sacarlo del campo de batalla y sanarle, ayudarle y restaurarle, porque los dones y el llamado de Dios son irrevocables. Una vez que Dios ha marcado a alguien como suyo y para su servicio, ese llamado es para siempre, y yo estoy convencido que el liderazgo es un llamado.

Plan de Trabajo

Medite en lo leído y use los espacios debajo para completar su tarea.

Si usted ha usado la versión digital de este material y lo ha tomado como curso, puede someter las respuestas electrónicamente para calificación a la siguiente dirección:

eli@japerez.com

Incluya en su correspondencia:

1- Título de este manual

2- Su nombre y apellidos completos

Alternativamente lo puede enviar por correo tradicional a:

Escuela de Liderazgo Internacional

P.O. Box 211325

Chula Vista, CA 91921 U.S.A.

¿ Cuál es mi más importante relación como líder?

¿Qué aprendí en la cueva de Adulam?

¿Por qué debo cuidar mi corazón?

¿Cuáles son los gigantes en mi vida?

¿Tiene todavía Dios planes con mi vida?

Principios aprendidos en este manual:

Textos o frases a memorizar:

Ajustes que debo hacer a mi manera de pensar:

_____

_____

_____

_____

_____

_____

_____

_____

Otras notas:

_____

_____

_____

_____

_____

_____

_____

_____

_____

_____

_____

Formando líderes con mente de reino

Con más de treinta y cinco años de ministerio, y una reconocida trayectoria internacional, que incluye estrechas relaciones con economistas, dignatarios y aquellos que moldean las culturas presentes en las naciones, el autor ha mostrado ser una autoridad en la materia de formar líderes.

Escritor, humanitario, moldeador de culturas y precursor de movimientos de cosecha en América Latina. Su mensaje atraviesa generaciones, culturas y naciones. Ha escrito varios libros y asiste a intelectuales, así como a iletrados, en la adquisición de destrezas esenciales y soluciones pragmáticas para comunicar esperanza con valentía en entornos complejos, y a veces hostiles.

Sus concentraciones masivas y misiones humanitarias han atraído grandes multitudes durante años guiando a miles a una relación personal con Jesucristo.

Él, su esposa y sus tres hijos, viven en un suburbio de San Diego en California, desde donde se coordinan todos los eventos de la asociación que lleva su nombre.

Trabajo de JA Pérez con líderes de Latinoamérica
Cuando una ciudad o provincia es impactada, con frecuencia gobernantes y líderes nacionales —senadores y congresistas— asisten al evento y reconocen el movimiento, pero los frutos mayores del proyecto completo son las miles de vidas que son transformadas por el poder del evangelio. Ese es el principal propósito de todo — comunicar las buenas noticias de Cristo.

Líderes con visión global

Los líderes que equipamos en las Américas, son quienes sostienen y dan seguimiento a movimientos de cosecha cada vez que concluye un proyecto a nivel ciudad. Ya equipados para comunicar el evangelio de una manera relevante y culturalmente sensitiva, estos corren con la comisión de hacer discípulos en cada generación y grupo étnico en todas las esquinas del continente.

Otros libros por JA Pérez

JA Pérez ha escrito más de 50 libros y manuales de entrenamiento. Todos sus libros están disponibles en Amazon.com así como en librerías y tiendas mundialmente. Libros con temas para la familia, empresa, liderazgo, economía, profecía bíblica, devocionales, inspiracionales, evangelismo y teología.

Serie Líderes

Esta serie está compuesta por doce manuales, con ejercicios y espacios para notas y tareas, de manera que el alumnado pueda recordar y poner en práctica cada uno de los principios aprendidos.

Los principios comprendidos en estos doce manuales también se encuentran en el libro *12 Fundamentos de Liderazgo* para ser usado en lectura regular.

LIDERAZGO
IRREVOCABLE

J A PÉREZ

LIDERAZGO
INTELIGENTE

J A PÉREZ

LIDERAZGO
y CONSORCIOS

J A PÉREZ

LIDERAZGO
y GOBIERNOS

J A PÉREZ

LIDERAZGO
PRODUCTIVO

J A PÉREZ

LIDERAZGO
y CAPITAL INFLUYENTE

J A PÉREZ

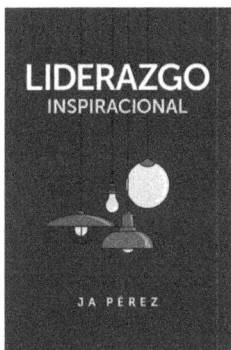

LIDERAZGO
INSPIRACIONAL

J A PÉREZ

LIDERAZGO
TRANSPARENTE

J A PÉREZ

LIDERAZGO
y SISTEMAS

J A PÉREZ

LIDERAZGO
y DESARROLLOS

J A PÉREZ

LIDERAZGO
INVISIBLE

J A PÉREZ

LIDERAZGO
y LEGADO

J A PÉREZ

Series Conferencias

Discipulado para Nuevos Creyentes y Estudios de Grupos

Liderazgo, Gobierno y Diplomacia

Inspiración y Creatividad en Liderazgo

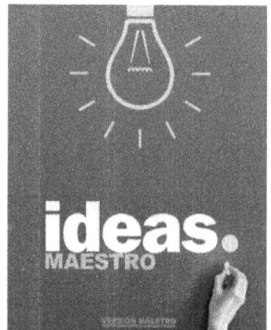

Temas Varios

Crecimiento Espiritual, Principios de Vida y Relaciones — Recientes

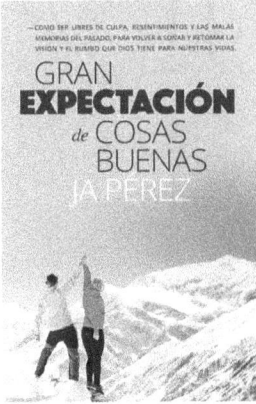

GRAN **EXPECTACIÓN** de COSAS BUENAS
JA PÉREZ

FELIZ
JA PÉREZ
LIBRO INTERACTIVO

COMO PROSPERAR con **HUMILDAD**
JA PÉREZ

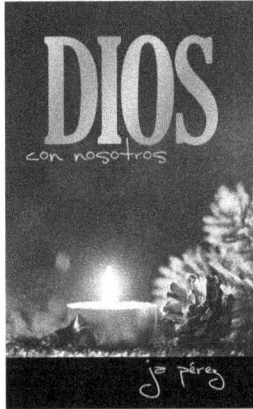

DIOS con nosotros
ja pérez

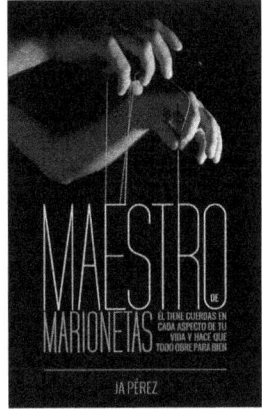

MAESTRO DE MARIONETAS
JA PÉREZ

Profecía Bíblica

40 **PROFECÍAS CUMPLIDAS**
J.A.PÉREZ

EL FIN
ESTADO PROFÉTICO DE LAS NACIONES
J.A. PÉREZ

Teología

GRACIA SOBERANA
SU SACRIFICIO fue SUFICIENTE
JA PÉREZ

Evangelismo y Colaboración

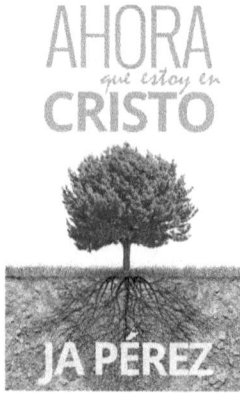

AHORA que estoy en CRISTO

JA PÉREZ

COMO COMPARTIR LAS BUENAS NOTICIAS

JA PÉREZ

Cosecha Latinoamérica

EVANGELISMO EFECTIVO

JORGE ARMANDO PÉREZ VENÁNCIO

JA PÉREZ

JUNTOS X EL CONTINENTE

JA PÉREZ

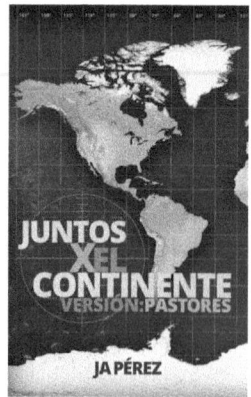

JUNTOS X EL CONTINENTE
VERSION: PASTORES

JA PÉREZ

Festivales y Concentraciones

Juntos En la Jornada

Festivales y Concentraciones

Juntos En la Cosecha

JUNTOS

Festivales y Concentraciones

Juntos Concejo Internacional

Devocionales

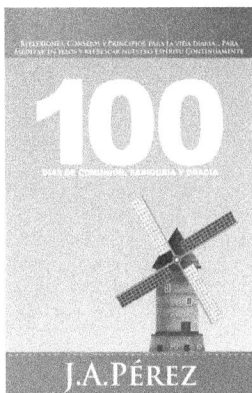

100 DIAS DE COMUNIÓN, SABIDURÍA Y GRACIA

REFLEXIONES, CONSEJOS Y PRINCIPIOS PARA LA VIDA DIARIA... PARA EDIFICAR EN JESÚS Y REFRESCAR NUESTRO ESPÍRITU CONTINUAMENTE

J.A. PÉREZ

100 DÍAS de MILAGROS

JA PÉREZ

Ficción, Historietas

Las Ciudades debajo de la Tierra

Los Profetas de Gúlumm

Jorge Armando Pérez Venáncio

Crecimiento Espiritual, Principios de Vida y Relaciones — Clásicos

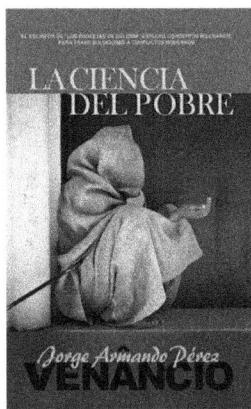

LA CIENCIA DEL POBRE

Jorge Armando Pérez **VENANCIO**

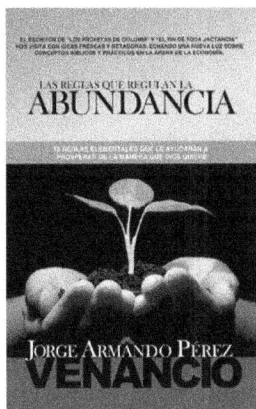

LAS REGLAS QUE REGULAN LA **ABUNDANCIA**

JORGE ARMANDO PÉREZ VENANCIO

Jorge Armando Pérez Venáncio

Lecciones de un viejo PROFETA mentiroso

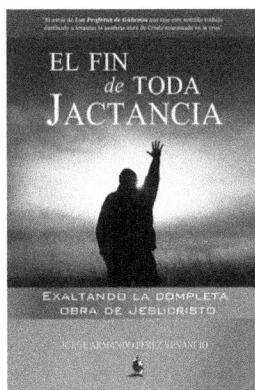

EL FIN de TODA JACTANCIA

EXALTANDO LA COMPLETA OBRA DE JESUCRISTO

JORGE ARMANDO PÉREZ VENANCIO

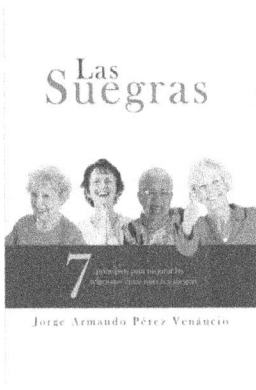

Las **Suegras**

7 principios para mejorar las relaciones entre nuestros suegros

Jorge Armando Pérez Venáncio

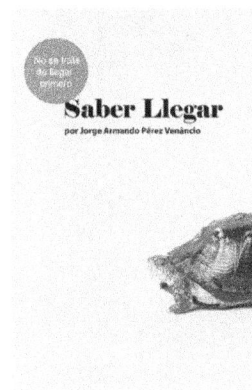

No se trate de llegar primero

Saber Llegar

por Jorge Armando Pérez Venáncio

NOW

THE URGENCY AND THE KEY
TO REACH THIS GENERATION
WITH THE MESSAGE OF CHRIST

English

Evangelism and Collaboration

COLLAB ORATION

YOUR
KINGDOM
OR HIS
KINGDOM

COLLABORATION
IOI
for EVANGELISTS

COLLABORATION
IOI
for CHURCHES

9 BASIC
PRINCIPLES *of*
COLLABORATION
for EVANGELISTS

JA PÉREZ

Festivals and
Celebrations

Together | Collaborate

Festivals and
Celebrations

Together | International
Council

Contacte / siga al autor

Blog personal y redes sociales

japerez.com

@japereznow

facebook.com/japereznow

Asociación JA Pérez

japerez.org

Keen Sight Books